INSTITUT DE FRANCE

ACADÉMIE DES BEAUX-ARTS

NOTICE

SUR LA VIE ET LES ŒUVRES

DE

M. CAROLUS DURAN

(4 JUILLET 1838 — 18 FÉVRIER 1917)

PAR

M. CH.-M. WIDOR

SECRÉTAIRE PERPÉTUEL

Lue dans la séance publique annuelle du 16 novembre 1918.

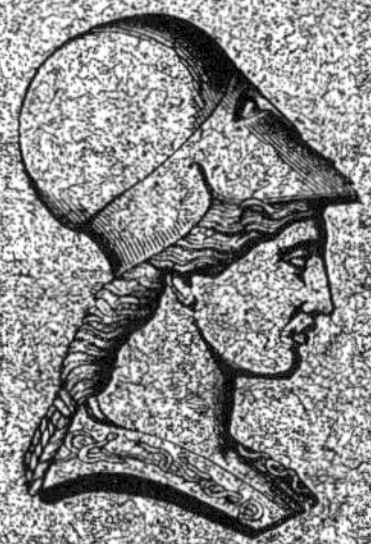

PARIS

TYPOGRAPHIE DE FIRMIN-DIDOT ET Cie

IMPRIMEURS DE L'INSTITUT DE FRANCE, RUE JACOB, 56

M DCCCC XVIII

INSTITUT
1918. — 8.

INSTITUT DE FRANCE

ACADÉMIE DES BEAUX-ARTS

NOTICE

SUR LA VIE ET LES ŒUVRES

DE

M. CAROLUS DURAN

(4 JUILLET 1838 — 18 FÉVRIER 1917)

PAR

M. CH.-M. WIDOR

SECRÉTAIRE PERPÉTUEL

Lue dans la séance publique annuelle du 16 novembre 1918.

PARIS

TYPOGRAPHIE DE FIRMIN-DIDOT ET Cie

IMPRIMEURS DE L'INSTITUT DE FRANCE, RUE JACOB, 56

M D CCCC XVIII

Héliog. et Imp. P. Le Rat, Paris

Carolus Duran

18[illegible]17

NOTICE

SUR LA VIE ET LES ŒUVRES

DE

M. CAROLUS DURAN

(4 JUILLET 1838 — 18 FÉVRIER 1917)

PAR

M. CH.-M. WIDOR

SECRÉTAIRE PERPÉTUEL

Messieurs,

Il est né dans ce pays du Nord français que nos pères appelaient la « barrière du royaume », et que nous appelons, nous, la « province martyre », qui depuis des siècles sert de champ de bataille, le pays de Bouvines, de Denain, de Fontenoy, aujourd'hui de l'Yser, de la Lys, de l'Escaut, terre celte d'abord, gauloise ensuite, où tant de fois vint se briser le flot des invasions germaniques, où tout ce qui reste des civilisations anciennes est gallo-romain, des civilisations modernes flamand, bourguignon, espagnol.

Pays de négociants, de forgerons, de tisserands, de matelots; pays de richesse, et donc pays d'artistes, exposé par là même, — ainsi que la Grèce aux convoitises de Rome encore pauvre ou que Rome devenue riche à la brutalité gothique, — aux invasions féroces du Germain grossier et pillard.

C'est le pays de Van Eyk et de Memling, de Van der Helst et de Van Ostade, de Franz Hals et de Ruysdael. C'est le pays de Rembrandt et de Rubens — de Rubens qui fut, avec Velazquez, l'un de *ses* deux maîtres d'élection. Carolus Duran, quand il eut choisi ces deux chefs, se tint passionnément au choix, instinctif et pourtant réfléchi, qu'il avait su faire de leur grand exemple : si passionnément même qu'il ne pouvait concevoir d'autre admiration ni d'autre amour artistique et que le nom seul de tel peintre qu'il n'aimait pas, si l'on se permettait d'y joindre l'éloge, le faisait rougir, dans un accès de phobie, lui, le parfait gentleman, d'une truculente et tonitruante colère.

Nous venons de citer Velazquez l'Espagnol et Rubens le Flamand. Lui-même, Carolus — et ce serait là, pour un disciple de Taine, une suffisante explication des deux aspects de son talent — était à la fois de ces deux pays ou, pour mieux dire, de ces deux races : Espagnol par son ascendance paternelle, Flamand par sa mère. Aussi bien est-il né en terre flamande, à Lille, place du Rihour, où sa maison de naissance, malgré les bombes allemandes, existe encore. Espagnol, d'autre part, ne l'est-il point par son nom où le D final et primitif, d'un aspect trop bourgeois, s'est effacé très humblement pour que le nom du jeune maître prît l'aspect à la fois aristocratique et romantique d'un nom venu tout droit de quelque manoir castillan.

Quant au prénom de Carolus, un malveillant pourrait croire tout d'abord que Charles Durand, né vers 1830, au temps des Jeune-France, avait jugé bon, peut-être utile, de magnifier aussi son prénom par une consonance noblement latine. Il n'en est rien pourtant : ce prénom de Carolus est coutumier à nos Flandres françaises, et nous savons que la nourrice de Carolus, lorsqu'elle berçait sur ses genoux le petit Grand-Homme, le cajolait volontiers de ce prénom.

Quand il parlait de ses ascendants, notre confrère répétait volontiers qu'il n'y voyait personne dont il pût tenir quelque hérédité d'art. « Je suis un monstre », disait-il, prenant ce mot, comme vous pensez bien, au sens le plus étymologique; car ce « monstre » était le plus superbe « lion », au sens d'élégance et de beauté, que l'on connût dans le Paris d'alors. Il avait la souplesse ; il avait la force. C'était l'homme de tous les sports. Élève de Vigeant, dont il fit ce portrait célèbre, le « Maître d'armes », il était connu, redouté dans toutes les salles. C'était un artiste du fleuret, l'arme spirituelle et patricienne, dont il n'ignorait aucune des finesses. A Pétersbourg, dans la salle d'escrime des officiers de la Garde, toute cette jeune noblesse militaire s'honorait de recevoir d'un tel maître tel coup de bouton où se dépensait autant d'art ingénieux que de science calculatrice.

Cavalier — Centaure! Son père, professeur d'équitation, — tel le roi Philippe son fils Alexandre — l'avait, dès l'âge de trois ans, campé sur un nouveau Bucéphale.

Tout Paris se rappelle encore le beau Caracolus — pardon, Carolus Duran — montant une admirable jument noire et faisant dans les allées cavalières du Bois sa chevauchée matinale.

S'il était déjà cavalier à trois ans, à trois ans aussi nous savons qu'il était déjà peintre, ou que du moins se manifestaient déjà, chez cet enfant, d'extraordinaires aptitudes à son art futur. Dès cet âge il dessinait; et bientôt après il peignait des « nature morte ». Son père voulait en faire un lithographe; sa mère, plus avisée et le connaissant mieux, désirait que son évidente vocation ne fût pas contrariée. Paresseux pour tout ce qui n'était pas la peinture, il ne fit, dans une petite pension de la ville, que d'assez médiocres études; plus tard il rattrapera le temps perdu.

La photographie, en ce temps-là, venait à peine de naître. C'était encore, dans les familles bourgeoises, le temps des portraits. Des spécialistes du genre, artisans plutôt qu'artistes, colportaient de ville en ville les services de leurs talents. L'un d'eux, par hasard, voit les « études » de l'enfant. Il s'étonne. Il constate une vocation certaine. Il en fait part à sa mère qui l'envoie dès lors au cours de dessin. De huit à seize ans il suivit ce cours municipal, que dirigeait Phidias en personne. Veuillez entendre par là que le directeur, malgré qu'il ne fût qu'un sculpteur médiocre, n'en portait pas moins, parmi ses prénoms, ce grand nom glorieux. Loin de prophétiser l'avenir du maître futur, il déclara que l'enfant n'avait aucune disposition pour la peinture en général ni pour le portrait en particulier... Phidias n'était pas Calchas... Le vrai maître du jeune homme, plus modestement appelé Souchon, comprit tout de suite son élève, et ne lui ménageait point les encouragements. Carolus, toute la vie, sut garder au maître de sa jeunesse une fidèle gratitude, bien qu'il ne se dissimulât pas certaines insuffisances de l'enseignement qu'il avait reçu ; et dans les premiers livrets des Salons où figurèrent ses œuvres, Carolus n'oublia jamais de se dire : Élève de Souchon.

Il avait seize ans quand il vint pour la première fois à Paris, en 1855, l'année de l'Exposition. Il y vint avec sa famille. Peu de temps après, son père mourut. Comme il ne voulait pas rester à la charge de sa mère, dont les ressources étaient modestes, il songe à chercher fortune en Algérie, contrée toute neuve encore et qui s'ouvrait avec tant de promesses à la curiosité comme à l'activité de ses conquérants. Il avait obtenu déjà son passage gratuit sur un bateau d'émigrants. Sa fortune, alors, eût-elle changé ? De peintre serait-il devenu colon? Toujours est-il qu'il allait quitter Paris... quand, trois jours avant son départ, un brave Lillois, rencontré par hasard au quartier latin, l'arrête inopinément, le détourne de son projet, le conserve à la peinture, le conservant par là même à l'Institut, et l'installe à ses frais dans un petit atelier de Vaugirard.

Si bienveillant que fût le protecteur, encore fallait-il que Carolus, s'il avait le gîte, gagnât le souper. Ne parlons pas du reste. Or, le gîte était humide, le souper trop rare. Carolus tombe malade, gravement. Un camarade le sauve : Zacharie Astruc, musicien, baryton, peintre (nous déjeunons chez Maxim devant ses fresques), sculpteur, chansonnier, poète et même écrivain, Zacharie, bon

Samaritain, transporte chez lui le malade. Un autre camarade, interne des hôpitaux, le soigne et le guérit; et Carolus, aussitôt debout, prend le train de Lille, où d'emblée il enlève au concours de l'École (1859) un prix qui lui vaut une pension triennale de 1 200 francs.

Il revient à Paris, loue un atelier moins humide et, seul (il ne fut pas élève des Beaux-Arts), sans autres maîtres que les chefs-d'œuvre des Musées, qu'il étudie, qu'il copie, travaillant d'arrache-pied, observant, comparant, il fournit à ce moment le vigoureux effort qui le fera lui-même un maître. Sa belle étude *l'Homme endormi* est de ce temps-là.

Après deux ans de cette vie féconde, le prix de la fondation Wicar, que décerne le département du Nord (2400 francs par an pendant quatre ans), et qu'il conquiert à l'unanimité du jury, malgré l'opposition du Conseil municipal qui trouve ce jeune peintre trop réaliste, lui permet enfin — Italiam! Italiam! — de s'embarquer à Marseille, ivre de joie, pour l'Italie.

Quatre ans de séjour, de 1862 à 1866; installé Vicolo del Ventagio, dans la maison résidence des pensionnaires de Lille. Plus encore que Rome qu'il aimera tant plus tard, c'est la campagne romaine qui le passionne alors. Un matin de printemps, avec, pour compagnon de route, son compatriote le peintre Salomé, Carolus prend la diligence qui mène à Subiaco, le mystique pays de saint Benoît et de sainte Scholastique. Visite à l'un des monastères. Carolus est conquis par le site, par le silence et la paix du couvent, par la bonne grâce des moines. Il reste là quinze jours, quitte enfin ses pieux amis, mais avec un tel regret qu'après un coup d'œil à La Cervara, nid d'aigle dans les monts, paysage assez émouvant pour que son abondante éloquence aimât toujours à le vanter, le voilà qui dare-dare revient à son cher couvent où, cette fois, il va rester trois grands mois.

Il avait failli devenir colon. Ne va-t-il pas devenir moine? Il s'astreint à la règle sévère. Tout plein de la plus mystique ferveur, il s'abîme dans l'amour divin, mêlant d'ailleurs aux élans de sa foi le souvenir profane, sans doute, mais quasi sanctifié, d'une passagère idylle ébauchée à La Cervara. Doubles amours qui ne l'empêchent point, au contraire, de peindre et de peindre : portraits, tableaux, fresques. Monté sur la haute échelle — souvenez-vous du moine-peintre dans la fresque si calme, si noble, de Puvis — il décore les murs du monastère; — et tel encore l'Angelico oubliant le monde quand il peint sa chère Madone, le fervent Carolus, tout à son œuvre pieux, oublie à ce point la Terre qu'il faillit, tombant de l'échelle, s'y casser les reins.

De retour à Rome, il étudie les musées : Michel-Ange, Raphaël, Titien. C'est à ce moment qu'il jettera sur la toile l'esquisse de sa *Dernière heure du Christ :* il n'achèvera le tableau que cinquante ans plus tard et ne l'exposera qu'au Salon de 1913. La campagne romaine lui fournit par un incident le sujet de *l'Assassiné,* succès retentissant du Salon de 1866.

En 1863, il visitera Vérone, Padoue et Venise; en 1864, Naples, Pompéi, Pæstum avec, pour compagnons de route, Henner, Français, Falguière. Bande joyeuse, pleine de vie et d'enthousiasme; camaraderie délicieuse née d'une sympathie et d'un respect réciproques, qui durera jusqu'à la mort.

Durant ce séjour en Italie, et s'il y faut noter les grandes impressions qu'il en gardera, c'est, à Venise, le Tintoret de la Scuola San Rocco et le Véronèse du palais des Doges qui l'émeuvent et le charment surtout. Du Véronèse il prendra ce goût du faste, des somptueux tissus, que tant de fois les envieux lui reprochèrent. Et c'est à Rome, au palais Doria, que le jeune Espagnol de Lille, contemplant l'*Innocent X* de Velazquez, sentit courir dans ses veines le sang de sa race et s'éveiller en lui le désir de connaître enfin son pays d'origine.

Comme son temps de Rome venait de finir et qu'il venait de vendre à l'État, 5000 francs (c'était la fortune!), son tableau de *l'Assassiné*, Carolus, aussitôt, prend le bateau pour l'Espagne, traverse Barcelone, Saragosse, et se fixe à Madrid.

On peut le voir, chaque matin, dès huit heures, installer son chevalet au Musée du Prado, et copier amoureusement son grand modèle. Vie d'obstiné travail qui dure un an. Puis le mysticisme le reprend, mais cette fois plus sombre qu'à Subiaco. Pour s'éloigner du monde, pour se mieux connaître lui-même, il se retire quelques mois dans ce Tolède dont Barrès a si bien décrit l'âpre et magnifique désolation. Il s'improvise un étrange et romanesque atelier dans le couvent mi-ruiné de San Juan de los Reyes, devant un paysage fait de tristesse et de tragique beauté où rien ne révèle la vie extérieure que le bouillonnement des eaux du Tage, en bas, au pied du rocher. Qu'on se rassure cependant! A San Juan, non plus qu'à

Subiaco, Carolus ne se fera pas moine : son mysticisme, pour sincère qu'il fût, s'accommodait à l'occasion de répits profanes, et s'il apprit en Espagne l'espagnol comme en Italie l'italien, nous devons noter de plus qu'il y apprit, laïquement, la mandoline et, souple de jarret, les plus alertes séguidilles de la vieille Espagne. L'un de nous au moins, messieurs, l'a certainement vu dansant à Paris ces mêmes danses, les castagnettes aux deux mains.

Carolus, dès lors, est un maître. Mais un véritable maître ne cesse jamais d'être un étudiant. A Paris comme à Rome ou à Madrid, au Louvre comme au Prado, il travaille, chaque matin, inlassablement. Une fois seulement il fut distrait de son travail. Devant le chevalet du peintre s'était arrêtée *la Dame au gant*, celle du moins qui devait bientôt le devenir : nous avons nommé Pauline Croizette, qu'il épousa, artiste elle-même, miniaturiste, plusieurs fois récompensée au Salon.

S'ouvre à cette date la série de ses grands succès : *la Dame au gant*, d'abord, succès à la fois artistique et conjugal; l'année suivante (1870), le portrait de *la Dame au chien*. La guerre éclate. Voilà Carolus garde national : il n'en esquisse pas moins une toile militaire, et quelle toile! *La Gloire* qui, modestement, reste inachevée. C'est de ce même temps du siège que date une œuvre exquise, *les Rieuses,* ce tableau d'intimité familiale, si joliment composé. Survient la Commune. Il se rend à Bruxelles où, quatorze mois durant, il va peindre portrait sur portrait, dont le plus beau peut-être, celui d'une belle Anversoise, Mme Sainctelette. C'est le portrait de *la Dame rousse*, catalogué sous ce titre au musée de Bruxelles : figure à la Rubens, chevelure de flamme, des yeux de pierreries, des traits d'une vivante expression, des bras, des mains de statue. Et la toilette où triomphe la palette du peintre : une robe d'un mauve-violet qui chante sur le fond d'or du canapé. L'ensemble est éclatant, et maintenant encore d'une étonnante fraîcheur.

Quand on demandait à Carolus Duran lesquelles de ses œuvres il préférait, c'est Mme Sainctelette qu'il citait la première; puis la comtesse Vandal, puis cette noble et si vaillante Française de notre Alsace, Mme de Pourtalès. Ce grand travailleur nous a donné près de mille portraits : sa femme, ses filles, sa belle-sœur, Sophie Croizette, de la Comédie-Française, la si belle Princesse de Bagdad,

> Baignant à même l'or ses bras de marbre pur,

et que, mondaine dans un salon, amazone au bord de la mer, ou prête à monter, la cravache à la main, il ne s'est point lassé de peindre.

Parmi les portraits d'homme : Gounod, Français, Henner, Barbey d'Aurevilly, Gustave Doré, Déroulède, Albert Wolff, Émile de Girardin, Manet qui, par un juste retour, fit de son portraitiste une curieuse esquisse grandeur nature, costume de chasse, un gentilhomme de Van Dyck.

Peintre de composition, Carolus le fut aussi : sujets antiques, sujets chrétiens, tableaux d'intimité, toiles décoratives, entre autres *Le Triomphe de Bacchus* et, décorant un plafond du Louvre, *Le Triomphe de Marie de Médicis*. Paysagiste aussi, dont ce *Coucher de soleil en*

Provence, d'une chaude finesse, qu'il peignit à Saint-Aygulf, devant la mer, parmi les pins de sa villa. Mais Carolus n'en reste pas moins, de sa vraie nature, un portraitiste, — portraitiste amoureux des lignes élégantes et des riches couleurs.

On ne s'étonnera point que ce coloriste n'ait pas aimé l'école néo-grecque, souveraine à Paris au début de sa jeunesse, et que, pour batailler contre elle, il se soit rangé, dès 1863, parmi ses plus fougueux adversaires, Manet, Ribot, Fantin-Latour. Nous le verrons réaliste, d'abord, prenant à Courbet les sourdes couleurs de son pinceau, puis romantique, mais sans excès de panache, admirant Delacroix et son éclatant coloris, admirant de même les Flamands (n'avait-il pas dans son atelier, de sa main, deux copies de Rubens : l'une des trois mages en adoration; l'autre de ces naïades plantureuses dont s'ébattent les profanes blancheurs?), admirant enfin et surtout, nous avons dit avec quelle ferveur, le grand Velazquez à la fois romantique et réaliste, si riche et si profondément humain.

L'École espagnole, à cette époque, hantait le rêve de nos jeunes peintres. Elle jouait alors le même rôle que l'École anglaise au temps de Delacroix. Carolus, abandonnant les tons plats de sa première manière, empruntera donc à l'Espagne le goût d'une peinture plus chaude, plus soyeuse, plus modelée, à la fois magnifique et vraie. Rien n'est plus vrai que l'expression vivement saisie, quasi instantanée, des têtes qu'il peignit dans sa maturité. Rien n'est plus vrai que sa couleur, empruntée à la nature même. Il peint vraiment la chair, l'éclat de la peau. Ses demi-teintes ont une exactitude de ton, une fraîcheur absolues. Nous citions tout à l'heure son portrait de Mme Sainctelette, inspiré de l'École flamande. C'est à l'École espagnole que ferait songer, si personnel qu'il soit d'ailleurs, son portrait de Mme Feydeau, sa fille, avec ses enfants. Et quelle aisance dans l'exécution, quelle richesse de moyens et quelle sûreté! Chacune de ses œuvres est moins issue d'un plan mûri que d'un premier mouvement, tout instinctif; elle jaillit pour ainsi dire d'une sensation immédiate, presque exubérante. — « Ma technique? disait-il, elle est bien simple; je peins à même la toile, sans la préparation d'aucun dessous. »

Aussi bien son atelier, ses ateliers plutôt — l'un, où il peint ses modèles, où il reçoit ses visiteurs; l'autre, le *sanctum sanctorum,* dépôt de ses toiles — donneraient une exacte image de son talent fécond et de son travail acharné. Deux musées que ces deux ateliers où, pêle-mêle, aux murs, aux chevalets, se multiplient tableaux, esquisses, copies de Velazquez, de Rembrandt, de Rubens, paysages, marines, vues de Venise (il y allait souvent), toutes œuvres du maître. Quelques œuvres, pourtant, de peintres amis : son portrait par Sargent, le plus glorieux de ses élèves, et, dans le genre humoristique, sa caricature, où la fantaisie d'un Roi qui s'amuse, Don Luiz de Portugal, le campe — telle une sorcière sur son balai — à califourchon sur un grand pinceau. Dans un coin, né de son ébauchoir, le buste du *Pisan* et quelques autres bustes (car de même que Falguière, Mercié, Paul Dubois ont prouvé qu'ils savaient peindre,

Carolus a prouvé qu'il pouvait être à l'occasion sculpteur); ici et là des meubles rares, des armes, un petit petit buffet d'orgue médiéval, une mandoline, étoffes, tapisseries; ensemble éclectique, patricien.

C'est là que, tous les jeudis, il recevait.

S'il aimait à recevoir, il n'aimait pas moins à sortir. Pas de salons où de belles mondaines n'aient accueilli ce beau mondain. Avant d'être un homme à la mode, comme il n'y avait pas dans le Paris d'alors ce qu'on nomme aujourd'hui des cercles artistiques, Carolus fréquentait les cafés célèbres, le Voltaire, le café Tabouret, le café Caron, où se rencontraient, dans l'ombre historique de l'Odéon, peintres, sculpteurs, poètes, sociologues, historiens, littérateurs de tout poil : Falguière, Cazin, Baudelaire, Auguste Comte, Jules Janin, Victor Considérant, Michelet, George Sand, toujours alors flanquée de sa concierge, Barbey d'Aurevilly, connétable des lettres, comme son ami Carolus était connétable du pinceau, tous deux épris des richesses du costume. (Carolus, pourtant, était plus simple de manières, et nous doutons qu'on l'ait jamais vu, quand il déjeunait, mangeant sa côtelette avec d'immaculés gants blancs.) Fréquentations diverses qui plaisaient à son esprit curieux, épris de toutes les formes du savoir et de l'art, et par lesquelles se compléta son instruction. Ce coloriste admirait fort Baudelaire. Peut-être voyait-il, entre ses poèmes somptueux et les couleurs de sa riche palette, un lien de parenté, de *correspondance,* comme disait le poète lui-même :

Les parfums, les couleurs et les sons se répondent.

Il savait beaucoup de vers, les disant fort bien : vers de Musset, de Lamartine, dont l'harmonie le ravissait. Car il avait l'œil du peintre et l'oreille du musicien. Il adorait Beethoven. Il chantait — voix de baryton, juste, d'un bon timbre — s'accompagnant sur la mandoline susdite, dont il aimait à dire que jadis, à Tolède, elle avait rendu le courage au débutant qui, parfois, doutait de lui-même.

Ces heures d'angoisse de sa jeunesse, Carolus, de bonne heure, se proposa de les éviter aux autres ; et c'est pourquoi, dès trente-quatre ans, il enseigna. Le jeune professeur ouvrit en même temps deux ateliers : un atelier d'hommes, boulevard Port-Royal, qui, devenu bientôt insuffisant, se transporte alors au boulevard Montparnasse ; un atelier de femmes, où professait également Henner. Clientèle surtout américaine. Quoi d'étonnant que ce portraitiste ait mieux enseigné le portrait que la peinture de composition? Il n'enseignait pas seulement la grammaire de son art ; il essayait d'en révéler l'âme secrète. Deux fois par semaine, il venait corriger, ajoutant l'exemple au conseil, rectifiant une erreur, peignant lui-même toute une esquisse ; puis, la leçon donnée, parlant d'abondance, dissertant sur les écoles, sur la manière des grands maîtres, contant ses admirations, le cri de joie, agrémenté, disait-il en riant, de l'ébauche d'un pas de danse, que poussa son enthousiasme, à Milan, devant le carton de l'*École d'Athènes ;* son émotion, à Venise, devant la *Pieta* du vieux Titien ; à Anvers, devant le saint George de l'église Saint-Jacques ; et comment, tout jeune encore, — tel, à Coppet, Lamartine guettant au détour de la route la berline de Mme de Staël, — il guettait, place de Furstenberg, timide admirateur, le passage de l'illustre Delacroix qu'il suivait ensuite, à la piste, dans la rue.

Cette carrière de professeur — il professa vingt ans — trouva son couronnement dans la nomination de Carolus Duran à la direction de la Villa Médicis. Il y fut nommé le 16 décembre 1904, l'année même, messieurs, où votre Compagnie se fit honneur de l'accueillir. Après les six ans de séjour officiel, il y fut à nouveau nommé, en 1910. Mais la mort de sa femme, trois ans plus tard, le décide à quitter la Villa : les pensionnaires d'alors n'oublieront jamais la gentille bonté du gai camarade que le vieux maître savait être pour eux.

Et, puisque nous donnons ses titres officiels, c'est ici le lieu de noter que, l'année même où Carolus Duran arrive à la direction de l'Académie, une députation municipale de Subiaco — le souvenir du jeune peintre, de son exubérance et, déjà, de son talent y vivait encore dans toutes les mémoires — se présente, syndic en tête, et lui décerne, solennelle à la fois et souriante, le titre de citoyen honoraire.

Médaillé aux Salons de 66, 69, 70, 78. Médaille d'honneur en 1889. Chevalier en 1872, officier en 1878, commandeur en 1889, grand-officier en 1900. Tous les ordres d'Europe. En même temps qu'un magnifique artiste, dont le nom s'impose à l'histoire, il fut, je crois, de tous les artistes le plus chamarré. Il eut d'ailleurs, ce qui vaut mieux, de son vivant, la gloire, qu'il désirait, qu'il méritait. Sa devise : *Mériter ce que l'on désire* se trouve ainsi justifiée.

L'homme était bon : il n'est pas d'épithète qui le qualifie mieux. Bonté d'un cœur sensible; bonté d'une âme généreuse. Le récit d'une belle action, d'un noble dévouement lui mettait une larme aux yeux. C'est encore sa bonté profonde qui lui donnait cette courtoisie gentille, cette accueillante affabilité. Il avait la finesse du sourire, le rire aussi du rapin. Chez ce Lillois, né dans la brume, il y avait comme un rayon gamin du soleil provençal. Quand il passait, rue de Tournon, devant le portique du palais où Rubens, ses cartons sous le bras, venait les soumettre à la Reine, il ne manquait pas de parodier le grand peintre et de lui prêter, savez-vous, le plus comique accent des Flandres.

On ne s'étonnera pas qu'ayant cette jolie bonté, Carolus, nous l'avons dit, ait été l'ami le plus fidèle. C'est l'amitié qui charma son âge mûr et sa vieillesse. C'est lui, le bon camarade, qui, dans le dîner mensuel de *La Macédoine*, réunit, fidèle à son éclectisme, Pailleron, Muntz, Claretie, Dubufe, Déroulède, Larroumet, Guillaume, Mounet-Sully, Saint-Marceaux, Sully-Prudhomme, Theuriet, d'autres encore. Cette amicale fondation survit au fondateur, et notre confrère, l'amiral Fournier, préside aujourd'hui *La Macédoine*.

Ni Puvis de Chavannes, ni Gustave Doré n'en ont fait partie. Ils n'en furent pas moins ses amis les plus chers : amitié profonde, née de goûts communs, où se mêlaient, chez Carolus, le respect et l'admiration.

Grand amateur de voyages, — Pétersbourg, Vienne, Londres, Lisbonne, l'Italie, l'Amérique l'ont vu passer ou résider, — il se contenta, quelques semaines avant la guerre, quand il sentit décliner ses forces, de faire un pèlerinage à sa ville d'origine, puis en Belgique. Il revit donc, à Lille, sa maison natale, et le musée ; à Bruxelles, sa *Dame rousse*, du Musée moderne ; à Anvers, son portrait de Mme Ratazzi, puis l'église Saint-Jacques où repose Rubens. Ce fut sa dernière joie. Même alors, si faible qu'il devînt, il gardait encore cette sensibilité de l'œil qui fait le grand coloriste, le goût de la causerie, la même sûreté d'intelligence, retrouvant sa gaieté dès qu'il se sentait mieux.

Voici deux ans passés, une délégation de l'Institut se rendait en Espagne. Elle était composée, par ordre alphabétique, d'un philosophe-diplomate, d'un historien-sociologue, d'un écrivain-moraliste, d'un savant, et, finalement, d'un simple musicien. Arrivés à Madrid, ces *Missi Dominici* d'une propagande française, tandis qu'ils y font des conférences, se laissent gagner eux-mêmes par cette incomparable propagande que font en Espagne, pour la gloire de ce pays, les chefs-d'œuvre de son art. Ils visitent le musée du Prado : « Eh ! quoi, se disent-ils, trois de nos plus grands artistes, un Léon Bonnat, un Henri Regnault, un Carolus Duran, auront pu se former à cette école, et nos pensionnaires de Rome seraient privés d'un tel enseignement ? Pourquoi, leur séjour à la Villa terminé, ne viendraient-ils pas ici parfaire leurs études ? Les grands maîtres italiens sont les classiques de l'art ; mais les grands maîtres espagnols, au même titre que certains Flamands, n'en sont-ils pas les romantiques ? Pourquoi nos jeunes artistes, et non pas seulement nos

Romains, mais les boursiers de voyage, les boursiers du Salon, les médaillés de nos écoles d'art, et quiconque est suffisamment qualifié, n'auraient-ils pas à Madrid, sous nos couleurs nationales, une maison où séjourner à loisir? » L'idée venait de naître. Aussitôt émise, elle est accueillie par la presse et par l'opinion espagnoles, adoptée par le Roi dont la bonne grâce généreuse, l'active intelligence toujours ouverte aux initiatives, devaient en assurer la réalisation. Aidée d'une subvention de l'État et de cotisations privées, notre Académie construira la maison; mais c'est l'Espagne et son Roi qui nous offrent le terrain. Le décret vient de paraître, signé le 26 octobre 1918 de la main d'Alphonse XIII. Aussi bien voyions-nous un heureux présage pour notre projet dans le succès d'une exposition de peinture française que le Roi lui-même avait bien voulu nous demander.

C'était la première fois, dans ses annales, que l'Académie des Beaux-Arts organisait une exposition. Nos maîtres du dernier demi-siècle y figurèrent. Ce fut notre élégance, disons-le sans fausse modestie, d'y songer et de la préparer aux heures les plus noires de ce tragique printemps. Parmi les toiles que l'Espagne y admira, il en est plusieurs de Bonnat que les artistes de Madrid se plaisent à nommer leur « grand patron ». Il en est d'autres où l'art espagnol reconnut son influence: l'une, de Henri Regnault, son admirable esquisse du maréchal Prim, et celles de Carolus Duran que l'on appelle volontiers là-bas « le fils de Velazquez »...

Velazquez! C'est Velazquez, justement, qui va donner son nom à la Villa nouvelle; Velazquez que notre Carolus, nous le répétons à dessein, aimait si passionnément. Quel regret n'a-t-il point là-haut, dans le paradis des artistes, et quel regret sur la Terre, n'avons-nous pas, nous, ses amis, à la pensée qu'il ne sera pas à nos côtés, le jour prochain de l'inauguration !

Il y aurait goûté la double joie de saluer, sous ce beau ciel, dans ce noble pays d'art, la gloire de son maître dans la gloire de notre France victorieuse.

Paris. — Typ. Firmin-Didot et Cie, impr. de l'Institut, rue Jacob, 56. — 54483.

www.ingramcontent.com/pod-product-compliance
Ingram Content Group UK Ltd.
Pitfield, Milton Keynes, MK11 3LW, UK
UKHW022203190726
13855UKWH00004B/1603

9 782013 065504